잘라내도 자라나는 그리움 하나

시에시집 **025**

잘라내도 자라나는
그리움 하나

최상일 시집

詩와에세이

차례__

제1부

행복 · 11
딸바보 · 12
열대야 · 13
환생 · 14
배추 머리 · 15
어른들 말씀 1 · 16
엄마 · 17
공처가 · 18
꽃 1 · 19
가지 많은 나무, 바람 참 예쁘다 · 20
아내(혹은 남편) · 21
갱년기 VS 사춘기 · 22
위로 · 23
만성 · 24
내리사랑 · 25
욕심 · 26
김장 · 27
남(의)편 · 28
엄마 등 · 29
바람개비 · 30

제2부

매미 · 33
하얀 거짓말 · 34
짝사랑 1 · 35
이별 그 후 · 36
사랑의 빛깔 · 37
속앓이 · 38
받지 않는 전화 · 39
짝사랑 2 · 40
이별 · 41
애원 · 42
오지랖 · 43
상사화 · 44
오진 · 45
이별 다음 · 46
이명 · 47
그날 이후 · 48
그대라는 풍경 · 49
일편단심 · 50
역광 · 51
짝사랑 3 · 52

제3부

손톱 · 55
쏜살 · 56
시나브로 · 57
눈높이 · 58
낙엽 · 59
틈 · 60
노을 · 61
거리 두기 · 62
삶 · 63
꽃 2 · 64
길 · 65
인생길 · 66
어른들 말씀 2 · 67
고해성사 · 68
새치 · 69
까치밥 · 70
중딩들 · 71
땡감 · 72
길목 · 73
자전과 공전 · 74

제4부

고진감래 · 77
부조 · 78
시인의 삶 · 79
바람의 흔적 · 80
공감 능력 · 81
고집 · 82
여행 · 83
인간관계 · 84
오늘 · 85
미인 대칭 · 86
동행 · 87
조건반사 · 88
분별력 · 89
시선 · 90
잔소리 · 91
정체성 · 92
결단 · 93
독서 · 94
속마음 · 95
김밥 · 96

발문 | 이기철 · 97
시인의 말 · 111

제1부

행복

하늘을 올려다보는 일, 꽃잎을 들여다보는 일
이 모든 순간을 당신과 함께하는 일

딸바보

철마다 값비싼 옷은 못 사 주지만
날마다 환하게 웃게 해 줄 순 있어

열대야

나만 사랑한다던 마눌님이 발길질로 나를 밀어낸다
부부 관계도 소원하게 만드는, 너란 놈 참말로 얄궂다

환생

꿈에서는 단 한 번도 뵈지 않더니
염천에 꽃으로 오시었군요, 그리운 당신

배추 머리

고단함에 절어 늘 숨죽이고 사셨던,
어머니는 평생 배추를 이고 가신다

어른들 말씀 1

변치 않는 사랑 따윈 꿈도 꾸지 말어
둥글 땐 정(情)으로, 모날 땐 적(敵)으로 사는 것이여, 부부는

엄마

사람들이 알긴 할까요
당신도 한때 꽃 꿈꾸던 소녀였단 걸

공처가

아내는 자기 관리를 정말 잘한다
아내는 나를 '자기야' 하고 부른다

꽃 1

찬비라도 내릴 듯 잔뜩 흐려도
그대를 본 날 내 맘은 봄날

가지 많은 나무, 바람 참 예쁘다

바람은 나뭇잎을 흔들어 깊어가는 가을을 노래하고
자식은 부모의 마음을 흔들어 간절한 바람을 이룬다

아내(혹은 남편)

늦은 밤길 위험하다며 바래다주던 딱 한 사람
한 이불 덮고 살다 보니 아, 참말로 딱한 사람

갱년기 VS 사춘기

지혜로운 부모는 자신을 바꾸기 위해 애쓰고
어리석은 부모는 자식을 바꾸기 위해 애쓴다

위로

서두르지 않아도 돼
애쓰고 있는 거 다 아니까

만성

여자 말을 들어야 행복하다는 진리의 말씀을
아내한테 자꾸 들으니 참말로 질리네

내리사랑

  치킨 한 마리, 나는 아이들 접시에 닭 다리를 하나씩 올려놓았고
  어머니는 한참을 뒤적이다가 기어이 모가지를 찾아내셨다

욕심

시집 한 권 낸 적 없는 사람더러 두 줄 시인이래요
난 그저 시인(詩人) 아닌 시(詩)인 사람이고 싶은데

김장

자식은 한 번씩 배추를 절이고
부모는 한평생 가슴을 졸인다

남(의)편

아내에겐 늘 화난 얼굴
아내 외엔 늘 환한 얼굴

엄마 등

세월이 쏜살이라
활처럼 굽으셨다

바람개비

아롱다롱 불어오면 뱅글뱅글 돌아가는
너희는 아빠의 바람 아빠는 늘 바람개비

제2부

매미

그리 운다고
그리운 님 오실 리 없건만

하얀 거짓말

봄이 가기 전에 돌아오겠다던 그 말
그렁그렁 눈물지다 꽃잎보다 먼저 져버린 그 말

짝사랑 1

주인도 없는 빈 가슴에
사랑, 저 혼자 붉다

이별 그 후

너무 아파서 너를 미워할 정신이 없더니
너무 바빠서 너를 잊어버릴 시간이 없다

사랑의 빛깔

노랑 파랑 만나면 green
너랑 나랑 만나면 그림

속앓이

며칠 끙끙 앓고서야 알았네
속이 터져야 꽃도 핀다는 것을

받지 않는 전화

네가 잘못된 건 아닐까 걱정을 하다
내가 잘못한 건 아닐까 걱정을 한다

짝사랑 2

나에게 너무 먼 너
너에게 눈이 먼 나

이별

꽃 피고 지고 단풍 들어 붉어도
네가 있던 빈자리 서러운 눈물만 뚝뚝

애원

떠나는 그대 발길 되돌릴 수 있다면
시린 하늘에 내 붉은 심장이라도 툭 내어던지리

오지랖

난 가끔 궁금해
내가 없는 네 가슴에도 계절마다 꽃은 피는지

상사화

아무리 서둘러 가도 나는 늘 당신에게 늦는다
꽃잎 한 장 차이로

오진

영양실조라며 처방전을 써 주셨어
너와 헤어진 줄도 모르고

이별 다음

처음 만났던 그곳을 오늘도 서성인다
혹시 그대도 나처럼 그리울까 봐

이명

나른한 봄빛에 겨워 그리움마저 고요한데
그대도 없는 빈 가슴에 무시로 사랑이 운다

그날 이후

하릴없이 추억만 들추는 불면의 밤
하루라도 네가 그립지 않으면 살겠다

그대라는 풍경

언제부터 내 안에 있었던 걸까
그리움이 불 때마다 그대가 운다

일편단심

알 수 없는 외로움이 불거지면
그대 생각만으로도 붉어진다, 마음

역광

나는 눈이 멀어도 좋아
너는 더욱 또렷해질 테니

짝사랑 3

너는 내게 자꾸 배고
나는 네게 자꾸 베여

제3부

손톱

잘라내도 자라나는 그리움 하나
툭 하고 튀더니 하늘에 가 박혔다

쏜살

세월 가는 속도 보소
남의 속도 모르고

시나브로

어제 없던 꽃이 오늘 피었다 해서
하루 만에 일어난 일일 거라 착각하지는 마

눈높이

내려다보면 풀 아닌 것이 없고
올려다보면 꽃 아닌 것이 없다

낙엽

어쩌면 저것은 나무의 유언일지도 몰라
부는 바람에 가뭇없이 사라진대도 남기고픈 한마디

틈

내리쬐는 태양보다 스미는 햇살이 좋아
사람도 사랑도 빈틈 하나 있으면 좋겠다

노을

가을바람 손끝에 살랑 일더니
하늘가에 꽃물을 들이고 간다

거리 두기

사물과 너무 가까우면 전부를 담아내기 어렵고
사람과 너무 가까우면 허물을 걸러내기 어렵다

삶

어쩌면 삶이란 평생 삶는 일인지도 몰라
온전히 녹아들지 않으면 절대로 녹아나질 않거든

꽃 2

달랑 두 줄 시도 쉬 쓰인 적 한번 없는데
봄이라고 저것들이 그냥 덜렁 피었을까

길

마중 가지 않아도 계절은 오고
배웅하지 않아도 세월은 간다

인생길

제아무리 짙은 안개라도
걷다 보면 걷히더라

어른들 말씀 2

때를 놓치면 만날 수 없는 순간이 있어
그래서 인생은 꽃 같은 것이여

고해성사

하늘이 이렇게 예쁜데
저는 또 출근이라는 죄를 지었습니다

새치

족집게를 들었다가 내려놓았다
세월에 물든 단풍인 듯 아름다워서

까치밥

독생자를 내어주신 하나님의 사랑
찢기고 상하신 그리스도의 핏자국

중딩들

꽃이 피기 전에는 이름을 알 수 없는 나무가 있다
뼛속까지 꿈으로 푸르른 너희들처럼

땡감

인생 참 떫다 하니 감이 감히 말했다
단내 나게 달려야 단맛을 보는 거야

길목

파아란 하늘에 바람 하나 새기고
2월에는 기다림도 꽃이라 치자

자전과 공전

해가 어디 있느냐에 따라 밤낮이 바뀌고
내가 어디 있느냐에 따라 인생이 바뀐다

제4부

고진감래

저릿한 시간을 견뎌야
짜릿한 순간을 맛본다

부조

관계가 두터울수록 봉투가 두껍다는데
얇은 봉투보다 얄팍한 내 마음이 더 슬프다

시인의 삶

칠팔십 편 남짓한 시집 한 권이 평균 일만 이천 원
시급(詩給) 백육십 원짜리 아, 시인의 삶이여

바람의 흔적

바람은 구름을 빌려 하늘에 흔적을 남기고
사람은 기도를 빌려 하늘에 바람을 남긴다

공감 능력

네 말에 귀를 기울이면 생각마저 기울어
내게서 네게로 자꾸만 굴러간다, 마음이

고집

타고난 팔자보다 생각을 바꾸는 일이 어렵고
지나간 시간보다 마음을 돌리는 일이 어렵다

여행

옆자리가 비어 있으면 기대가 있어 좋고
옆자리에 누가 있으면 기대어 가기 좋다

인간관계

능력으로 안 되면 매력으로
매력으로 안 되면 노력으로

오늘

오늘이라는 단어의 의미는 Daum에도 있지만
의미 있는 오늘을 만들 기회는 다음에는 절대 없다

미인 대칭

관상이 안 좋은 건 일부 조상 탓
인상이 안 좋은 건 순전히 내 탓

동행

시간이 맞아도 방향이 다르면 같이하기 어렵고
방향이 같아도 보폭이 다르면 오래가기 어렵다

조건반사

마음을 바치면 마음을 열지만
마음을 다치면 마음이 닫힌다

분별력

입바른 소리는 새겨들을 필요가 있고
입에 발린 소리는 걸러 들을 필요가 있다

시선

없는 것에 집중하면 감사할 일이 없고
있는 것에 집중하면 불평할 일이 없다

잔소리

하는 사람은 필요하다 느끼고
듣는 사람은 피로하다 느낀다

정체성

짊어지고 걸을 때는 몰랐다
짐이 아닌 꿈의 무게였음을

결단

수렁에 빠지면 빨리 나오는 게 중요하고
사랑에 빠지면 오래 머무는 게 중요하다

독서

읽는다는 건 어쩌면 익는 일인지도 몰라
다독(多讀)으로 다독이며 야물게 익어가야지

속마음

진심은 대개 편안할 때 묻어나고
본심은 대개 방심할 때 드러난다

김밥

한 줄은 아쉽고 세 줄은 버겁다
두 줄이면 족하다 나의 시(詩)처럼

발문

길고 짧은 건 대봐야 안다

이기철(시인)

캐나다 시인, 앤 마이클스는 "가장 짧은 시는 이름"이라고 했다. 이름은 그 사람 인생이 압축되어 있다. 시편에 담긴 내용은 가볍지만은 않은 묵직한 '이름들'이다. 가족, 이웃, 사회, 공동체, 나눔, 배려, 사랑 등. 막다른 상황에 놓인 사람들에게 '희망'이 될 만하다.

인연(因緣)
"제가 시인이라 불릴 자격이 있나요?" 나를 찾아온 그가 내뱉은 첫마디다. 한참 얼굴을 쳐다보다가 "이미 시인이라 불리고 있으니 책임을 다해야 합니다"라고 말했다. 긴장하는 모습이 역력했다. '책임'이라는 단어가 가진 힘을 잘 알고 있다는 눈치였다.

무릇 이름을 가진다는 일은 엄청난 사건이다. 명성이나 권력을 위한 도구라고 생각하지 말아야 한다. 자신 앞에 놓인 험

난한 길과 무게를 견뎌야 할 마음 무장(武裝) 방편으로 받아들여야 옳다. 모름지기 작가(作家)란 '짖는 일'말고 '짓는 일'에 진심을 보여줘야 한다.

시인 최상일은 이제 무대에 오르는 신출내기 작가다. 그동안 시작(詩作)을 꾸준히 해왔기에 밑천은 생겼으나 시(詩)로 꾸려 나가야 할 향후 살림살이는 걱정이 많을 수밖에 없다. "천 리 길도 한 걸음부터"라는 말처럼 결심은 결실을 얻을 수 있을 때까지 포기하지 말아야 한다.

최 시인을 사로잡았던 시인들이 있다. 이런 분들 영향으로 시로(詩路)를 발견한 게 아닌가 싶다. 처음에는 1990~2000년대 초, 솔직한 언어와 섬세한 감수성으로 동시대 독자들 눈물샘을 자극했던 원태연 시인에게 반했다. 첫 시집『넌 가끔가다 내 생각을 하지 난 가끔가다 딴 생각을 해』요즘으로 치면 하상욱 시인과도 같은 느낌을 던지는 시인이다. 용혜원 시인(목사)에게도 한때 쏠렸다. 원 시인은 이른바 '쇼츠 시'를 가장 잘 쓰는 이로 정평이 나 있다.

마침내 그를 뒤흔든 시인을 알게 된다. 안준철 시인 시집,『너의 이름을 부르는 것만으로』,『다시, 졸고 있는 아이들에게』를 접하고 큰 충격을 받았다.『너의 이름을 부르는 것만으로』는 안 시인이 1992년 제자들에게 써준 생일 시를 모아 낸 첫 시집이기도 하다.

이 시편들을 완독한 최 시인은 "마치 아버지에게 위로를 받는 느낌이 들었다"고 말했다. 시편을 통째로 마치 습작하듯 베

껴 쓰기도 했다. 그렇게 맺은 안 시인과 인연(因緣)은 지금도 이어지고 있다. 그는 크게 깨닫는 바가 있었다. '시는 타인을 위로해 주는 명약(名藥)'임을 알게 됐다. 선한 영향은 그에게 도전이 됐다. 자신도 시인이 되겠다는 꿈을 꾸게 됐지만 현실은 넘을 수 없는, 시쳇말로 '넘사벽'이었다. 문예지에 두어 차례 투고(投稿)도 했건만 종무소식(終無消息). 그럼에도 불구하고 쉽게 물러나거나 무너지진 않았다. 자신에게 실망하기에는 아직 일렀다. 꿈만 꾼다고 해서 소망을 이룰 수는 없는 법. 문은 두드려야 열리고, 의지는 꺾이지만 않으면 된다. '반드시 내 이름으로 된 시집을 내겠다'는 다짐을 했다.

  최 시인이 존경하는 안 시인 시를 전문(全文)으로 소개하는 게 좋겠다는 생각이 들어 여기에 남긴다. 그에게는 그분이 시인으로서 표상(表象) 아니겠는가?

    우중이는 생활 능력이 없는 금치산자인 아버지와 정서적으로 결함이 있는 계모(친모는 갓난아이 때에 가출, 가끔 소식만 전해옴.)와 함께 사는 아이였다.//하루는 우울한 낯빛으로 찾아와 조퇴를 청했다. 이유를 물으니 한사코 가야 될 곳이 있다면서 다녀와서 말하겠다고 했다. 나는 어깨를 두어 번 토닥여 주고, 조퇴증을 손에 쥐어주었다./다음날 그 아이는 약속대로 돌아와서 어제 친어머니를 만났노라고 얘기해 주었고, 다시는 만나지 않겠다는 말을 했다./울먹이는 듯한 그의 눈은 금방이라도 눈물을 펑펑 쏟아낼 듯했다./그리고 돌아서서 교무실을 나가던 아이…/며칠 뒤 그 아이의 생일이 돌아왔다. 나는 다음과 같은 시를 써 주었다.//네 슬픔을 나는 알지/힘쓰지 않아도/남들에겐 다 주어지는 것/내겐 없다고/가끔/몸으로 우는 너를 보았지//금과 은도 아니고/부서져 더욱 빛나는/포말 같은 아름다운 얘기도 아니고//다만 한 번의 눈빛/바람처럼 몸을 파고드는/정(情)이 그리운 게지//다시는 만나지 말자고/눈물조차 없이 돌아섰을 때/어머니, 나의 어머니/네 잊혀진 심연 속으로/소리 없는 파문이 일었겠지//벗이여/그래도 아직 슬픔은 네 몫이 아니다//문 두드리면 열릴 너의 미래가 너무 눈부시다/일을 하자, 사랑을 하자/죄도 짓자//주어진 삶을 파고, 일구고/패치고, 쪼개어/손수 눈물 없는 날을/만들어 보자//겨울 햇살처럼/겨울 햇살처럼… (1989.12. 우중에게)

—「겨울 햇살처럼」 전문

　최상일 시인은 2020년부터 SNS에 '두 줄로만 쓴 시'(2행 시)를 선보이기 시작했다. 읽어본 이들은 환성을 질렀다. 일상을 간결하게 표현했지만 독자층은 공감 백배로 화답했다. 시심(詩心)이란 혼자만 즐기려면 발표할 필요가 없다. 타인에게 감흥을 전달하는 힘을 가져야 한다. 독자는 그 시(詩)가 자기 처지와 상황에 맞을 때 더욱 반가워하고 '카타르시스'를 느끼는 법이다. 이것이 바로 '시'가 가진 힘이고 시인이 발휘할 능력이다. 대리 만족을 통해 자존감을 회복하는 계기로 삼기도 한다.

시집 한 권 낸 적 없는 사람더러 두 줄 시인이래요
난 그저 시인(詩人) 아닌 시(詩)인 사람이고 싶은데

—「욕심」 전문

 '두 줄 시'를 처음 접했을 때는 '이게 뭐지?' 하는 정도였다. 언뜻 보기엔 '키치(kitsch)' 요소가 군데군데 놓여 있었지만 읽으면 읽을수록 글맛이 착착 감겨 올라왔다. 시인이 만들어 놓은 기막힌 장치(裝置)였다. 단숨에 읽히는 시(詩)가 아니라 단박에 눈치채게 만드는 메시지가 당당하고 매력 있다. 그는 '왜 하필이면 두 줄 시를 쓰느냐'는 물음에 살짝 미소만 흘렸다.
 한의학(韓醫學)에 이런 말이 있다. '일침이구삼약(一鍼二灸三藥)'. 치료법이지만 해석을 달리해 시에 적용해 봤다. 흔히 '일침을 놓는다'고 한다. 따끔한 충고나 조언을 말하지만 제대로 약효가 생기게 하는 지름길이면 좋겠다는 희망에 방점을 둔다. '촌철살인(寸切殺人)'과 비슷한 뜻이다. '일침충(一針蟲)'이라는 신조어도 등장했다. 상대방을 직접으로 비난하기보다는 생각을 환기(喚起)시킨다.

하는 사람은 필요하다 느끼고
듣는 사람은 피로하다 느낀다

—「잔소리」 전문

 필자가 최 시인을 안 지는 5년 정도다. 그간 몇 번을 만났느

냐가 그리 중요하지는 않다. 마치 형제처럼 친밀하게 지내고 있다. 이런저런 모임 자리에서 하나씩 개인사를 알게 됐다. 독실한 기독교인이지만 모태 신앙인은 아니다. 어릴 때부터 고향(거제도)에서 지리적 환경, 이웃 영향 등으로 교회에 나가게 됐다. 마치 누군가가 이끌어주는 섭리(攝理)처럼. 지금은 진주에 살면서 온 가족이 믿음 아래 성장하고 있다.

바람은 구름을 빌려 하늘에 흔적을 남기고
사람은 기도를 빌려 하늘에 바람을 남긴다
―「바람의 흔적」 전문

두 줄 시(Two-Line Poems)는 익살스러움이나 풍자가 주는 아름다움을 가진 골계미(滑稽美)도 가지고 있다는 점을 잊지 말아야 한다. 이런 문장을 에피그램(Epigram)이라고도 하는데 기억에 남고 짧고 흥미로운 서술을 만드는 수사(修辭) 장치다. 미국 시인 오그덴 내쉬(Ogden Nash)가 쓴 시 한 편을 보자.

God in his wisdom made the fly (신께서는 지혜롭게 파리를 만드셨으나)
And then forgot to tell us why. (왜 그러셨는지 우리에게 알려주는 것을 잊으셨다네)
―「The fly(파리)」 전문

"짧지만 의젓하네요"

소설가 황석영 장편소설, 『오래된 정원』에 나오는 문장이다. 2007년 임상수 감독에 의해 영화로도 만들어졌다. 미술 교사인 '윤희'(염정아) 도움으로 갈 뫼에 몸을 숨긴 수배자 '현우'(지진희)는 한때 시를 쓰려했다. 서정시가 어려운 시대에 '한낱' 시를 꿈꾸었던 자신에 대한 낯간지러움 때문이었는지 '한낱' 시조차 쓰지 못하는 시대 서글픔 때문인지 몰라도 그가 자작시,「봄비」를 읊는다.

바람에 불려 대기가 젖는다/내가 봄비라고 이름 짓는다/봄비/그러나 감자밭을 적시기엔 아주 적다

달랑 두 호흡 만에 읊기를 끝내자 윤희가 말한다.
"짧지만 의젓하네요".
최 시인은 고민이 많다. 길고 짧은 건 대봐야 알겠지만 그는 당분간 '두 줄'에 연연할 게 분명하다. 생각건대 짧은 시는 긴 생각에서 나온 실마리를 찾아 제대로 우리 앞에 작품을 내놓는 연금술(鍊金術)이다. 시인은 날마다 고민한다. 타인에게 잘 보이기 위해서가 아니라 현재 자기 자신은 시인이라는 타이틀에 결격 사유가 없는지 종종 자기 검열에 걸려버린다.

달랑 두 줄 시도 쉬 쓰인 적 한번 없는데

봄이라고 저것들이 그냥 덜렁 피었을까

　　　　　　　　　　　　　　　　—「꽃 2」 전문

가족(家族)보다 식구(食口)

　가족은 부모와 자식, 형제자매처럼 한 핏줄이거나 혼인 관계로 맺어진 사람들로서 공식적이고 딱딱한 낱말이다. 이에 비해 식구는 한솥밥을 먹는 한 사람 한 사람. 즉 가족보다는 정감 넘친다. 예를 들어 아들 친구가 무슨 사정이 생겨 몇 달간 그 집에 신세지며 함께 밥을 먹으면 식구가 된다. 며느리를 얻어 함께 살게 되면 '새 식구'라 하지 않는가.

　시인은 이처럼 가족을 확장 시킨다.

　집[家]을 나서는 순간 '또 하나의 가족'을 만나는 셈이다. 하루는 혼자 마감하지 못한다. 숱한 '만남' 고리로 인해 기쁨과 슬픔이 교차하기도 하고 웃음과 분노가 뒤섞이기도 한다. 난 최 시인이 화를 내는 모습을 아직 한 번도 본 적 없다. 가족의 힘, 기도(祈禱)라고 생각한다.

　그는 올해 여든둘인 어머니를 모시고 산다. 아내를 끔찍하게 사랑하고 '아롱이', '다롱이'라 부르는 딸들을 훅 불면 날아갈세라 살피며 보호한다. 하지만 그도 때로 힘들다. 위로받고 싶기도 하겠지. 연속으로 시 몇 편을 감상해 보자.

　사람들이 알긴 할까요
　당신도 한때 꽃 꿈꾸던 소녀였단 걸

―「엄마」 전문

아내는 자기 관리를 정말 잘한다
아내는 나를 '자기야' 하고 부른다

―「공처가」 전문

철마다 값비싼 옷은 못 사 주지만
날마다 환하게 웃게 해 줄 순 있어

―「딸바보」 전문

내리쬐는 태양보다 스미는 햇살이 좋아
사람도 사랑도 빈틈 하나 있으면 좋겠다

―「틈」 전부

시란 무엇인가? 시인이란 누군가?

나태주 시인은 산문집, 『좋다고 하니까 나도 좋다』에서 "또 다시 나는 나의 시에게 부탁한다. 나의 시여, 될수록 멀리, 멀리까지 날아가서 될수록 많은 사람을 만나거라. 그래서 그들에게 이웃이 되고 친구가 되고 그들이 필요로 하는 그 무엇이 되어라. 부디 유명한 시가 되지 말고 유용한 시가 돼라"고 말한 바 있다. '값'으로 '가치'를 평가하지 말라는 당부다. 시인은 처음을 경험하는 이에게 당당함을 요구한다.

기죽지 말고 살아봐
　　꽃 피워봐
　　참 좋아
　　　　　　　　　　　　　　　　　　―「풀꽃 3」 전문

　최 시인도 안다. 시인(詩人)이 원하는 월계수 관은 어렵고도 험난하다. '영광 굴비'가 차라리 낫지 않겠나 싶다. 미안하지만 보잘것없고 변변치 못한 '조라'가 더 어울릴지도 모르겠다. 그렇다 하더라도 어깨 펴는 일을 접어서는 안 된다. 누군가는 말렸을 게 분명하다. 자본주의 세상에서는 돈이 먼저 말한다. '팍팍'과 '퍽퍽'이 얼마나 고단한 삶인지 이미 알고 있는 모양이다. 기어이 그 길로 들어서겠다니 말이다.

　　칠팔십 편 남짓한 시집 한 권이 평균 일만 이천 원
　　시급(詩給) 백육십 원짜리 아, 시인의 삶이여
　　　　　　　　　　　　　　　　　　―「시인의 삶」 전문

　시인은 아직 엄살을 부릴 때가 아니다. 첫 시집 이후 수많은 화살이 퍼부어질 게 분명하다. 웃음을 가장(假裝)한 박수가 그렇고, '좋아요', '최고예요', '힘내요', '웃겨요'도 얄팍한 인심임을 잊지 말아야 한다. 그대를 사랑하는 사람은 적을수록 좋다. '숫자'는 '놀음'에 불과하고 신기루(蜃氣樓)다.
　시(詩)란 자기 자신이다. 독자에게 다가갈 때는 거짓이 없어야 한다. 무드만 조성해서는 안 된다. 누드가 필요할 때도 있다. 바로 자신감(自信感)이다. 깔짝거리는 글 짓은 삼가야 한다. 보여주기 위한 '멋'보다 '맛'을 제공해야 한다.

> 인생 참 떫다 하니 감이 감히 말했다
> 단내 나게 달려야 단맛을 보는 거야
>
> ─「땡감」 전문

시인이란 교과서, 참고서, 별책 부록에서도 찾을 수 없는, 그럴 필요도 없는 자신(自身). 바로 제 몸이다. 스스로 바로 세우지 못하면 무너지는 '언어의 바벨탑'이 될 수밖에 없다. 소통을 불가능하게 만드는 혼돈, 혼란, 무질서를 초래하는 카오스(Chaos)가 될 수도 있다.

본인 장점을 살리되 자랑이 되지 않게 조심해야 한다. 독자는 '매의 눈'을 가지고 있다고 보면 된다. 방심하면 날기 전에 추락하고 만다. 농담이 진담이 되도록.

> 능력으로 안 되면 매력으로
> 매력으로 안 되면 노력으로
>
> ─「인간관계」 전문

'드립(drip)을 친다'는 말과 맛

드립 커피를 좋아하는 이들이 많다. 우선 쉽다. 그다음은 원

두 종류와 분쇄된 입자 크기, 로스팅 정도, 물 온도 등에 따라 맛이 달라지고 누가 내리느냐에 따라서도 그렇다. 커피를 내려 마실 때마다 맛과 기분까지 달라지는 즐거움이 핸드 드립 커피만이 가진 특징이라 해도 된다.

최 시인 시 특징은 언어유희(言語遊戱)가 선사하는 즐거움이 있다. 오염된 언어가 세상에 얼마나 많은가? 뻔뻔한 선동, 소란, 소요와 분란을 일으키는 말 설사들이 난무한다. 언어도 디톡스(Detox)가 필요하다.

'드립을 친다'는 뜻은 즉흥적인 말이나 행동을 하거나, 농담이나 재치 있는 말을 하는 것을 의미하지만 때로는 부정적인 의미로 헛소리나 실언을 하는 것을 가리키기도 한다. 긍정적인 의미로는 '말재주가 좋다'는 뜻으로 쓰이기도 하지만, 거친 의미로 '개드립 치다'와 같이 나쁘게 쓰이기도 한다.

우리는 말을 통해 백 프로 진지해질 수는 없다. 농담 속에 뼈가 있다고들 하지 않는가? 어떨 때는 에둘러 말하기보다 직접적인 표현이 훨씬 더 정직하고 타격감이 크다. 말이나 태도 따위가 희미하고 흐려 분명하지 않은 애매모호(曖昧模糊) 대신 깨끗하고 맑은 명징(明澄)함을 유지해야 한다. 어떻게 표현하느냐에 따라 세상을 변화시킬 수 있다.

    입바른 소리는 새겨들을 필요가 있고
    입에 발린 소리는 걸러 들을 필요가 있다

—「분별력」 전문

두어 가지 당부

두 줄을 쓰기 위해서는 적어도 한 줄은 읽기 바란다. 나이 들면 이마에도 주름이 생긴다. 주름잡던 시절은 덧없이 흘러가기 마련이다. "낙오자는 과거를 자랑하고 진취자는 내일을 구상(構想)한다"고 했다.

    읽는다는 건 어쩌면 익는 일인지도 몰라
    다독(多讀)으로 다독이며 야물게 익어가야지
—「독서」 전문

문장(文章)은 훈장(勳章)을 받기 위해 쓰는 게 아니다. 오히려 상처, '스티그마', 낙인(烙印)이 될 수 있다. 지금이라도 포기하면 그 아픔은 경험에서 제외될 수 있다. 그럴 일 없겠지? 날마다 자신에게 물어보라. 나는 시인(詩人)인가? 고문을 당하더라도 자백하면 인정하겠다. 시인이라는 가죽에 만족하지 않길 바란다. 속살을 보여줘야 진짜다.

    제아무리 짙은 안개라도
    걷다 보면 걷히더라
—「인생길」 전문

발문(跋文)은 원래 길게 쓰는 법이 아니다. '책 끝에 본문 내

용 대강(大綱)이나 간행 경위에 관한 사항을 간략하게 적은 글'이라고 설명한다. 어쭙잖게 글이 길어졌다. 하여 여타 시집 해설에 비해 짧게 썼다. 필자 역시 특별함이 없는 어중간한 사람임을 알게 됐다. 요즘 '아무튼' 시리즈가 인기를 끌고 있다.

  최상일 시인 첫 시집, 『잘라내도 자라나는 그리움 하나』는 총 4부로 구성되어 있다. '가족', '사랑', '자연', '인생'. 어느 페이지를 먼저 펼치더라도 나 닮은 시 한 편쯤은 만날 수 있을 게 분명하다.

제법 재기발랄한 시편을 소개함으로 마지막을 장식(裝飾)한다.

  흥(興)해라, 최상일 시인.

> 오늘이라는 단어의 의미는 Daum에도 있지만
> 의미 있는 오늘을 만들 기회는 다음에는 절대 없다
>
> ―「오늘」 전문

시인의 말

   소소하지만 다 말할 수 없는 일상을 두 줄로만 남기고 싶었다.
   단어와 문장을 덜어낼수록 마음은 채워졌다.
   여백이 시작되는 곳마다 당신 이야기가 머물면 좋겠다고 여겼다.

   오늘도 '기도 손'이 되어 가족 안녕을 비는
   어머니 김안자 여사님과
   사랑하는 아내 김경임,
   '아롱이', '다롱이'라 불리는 두 딸,
   아영, 다영 미래를 응원하고 있는 평범한 아빠다.

                2025년 겨울, 따뜻한 시절이 오길 기다리며
                                  최상일

잘라내도 자라나는 그리움 하나

2025년 12월 15일 초판 1쇄 펴냄
2026년 1월 7일 초판 2쇄 펴냄

엮은이 _ 최상일
펴낸이 _ 양문규
펴낸곳 _ 詩와에세이

신고번호 _ 제2017-000025호
주   소 _ (30021)세종특별자치시 조치원읍 충현로 159, 상가동 107-1호
대표전화 _ (044)863-7652
팩시밀리 _ 0505-116-7653
휴대전화 _ 010-5355-7565
전자우편 _ sie2005@naver.com
공 급 처 _ 한국출판협동조합
주문전화 _ (02)716-5616
팩시밀리 _ (031)944-8234~6

ⓒ 최상일, 2025
ISBN 979-11-24212-00-4 (03810)

* 지은이와 협의하여 인지는 생략합니다.
* 이 책 내용의 전부 또는 일부를 재사용하려면 반드시 지은이와
  詩와에세이 양측의 동의를 받아야 합니다.
* 책값은 뒤표지에 표시되어 있습니다.